Impressum
Verlag: BABADADA GmbH, Nedderfeld 112 , 22529 Hamburg
Geschäftsführer / Verlagsleitung: Harald Hof
Druck: Books on Demand GmbH, In de Tarpen 42, 22848 Norderstedt

Imprint
Publisher: BABADADA GmbH, Nedderfeld 112 , 22529 Hamburg, Germany
Managing Director / Publishing direction: Harald Hof
Print: Books on Demand GmbH, In de Tarpen 42, 22848 Norderstedt

l'école

училище

la salle de classe
класна стая

diviser
деление

186/2

le tableau noir
черна дъска

la cour (de récréation)
училищен двор

le professeur
учител

le papier
хартия

écrire
пиша

le stylo
химикал

le bureau
бюро

la règle
линеал

le livre
книга

l'élève
ученик

le cartable

ученическа раница

la trousse

ученически несесер

le crayon

молив

le taille-crayon

острилка за моливи

la gomme

гума

le carnet à dessin

блок за рисуване

le dessin

рисунка

le pinceau

четка

la boîte de peinture

акварелни бои

les ciseaux

ножица

la colle

лепило

le cahier d'exercices

тетрадка за упражнения

les devoirs

домашна работа

le chiffre

число

additionner

събиране

soustraire

изваждане

multiplier

умножение

calculer

смятане

la lettre

буква

l'alphabet

азбука

le mot

дума

le texte

текст

lire

чета

la craie

тебешир

la leçon

час

le livre de classe

дневник на класа

l'examen

изпит

le certificat

свидетелство

l'uniforme scolaire

ученическа униформа

la formation

образование

le lexique

справочник

l'université

университет

le microscope

микроскоп

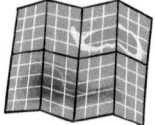

la carte

карта

la corbeille à papier

кошче за хартиени отпадъци

l'école - училище

le voyage

пътуване

Grand
l'hôtel
хотел
ROOMS
l'auberge
хостел
CHANGE
le bureau de change
обменно бюро
la valise
куфар
la voiture
кола

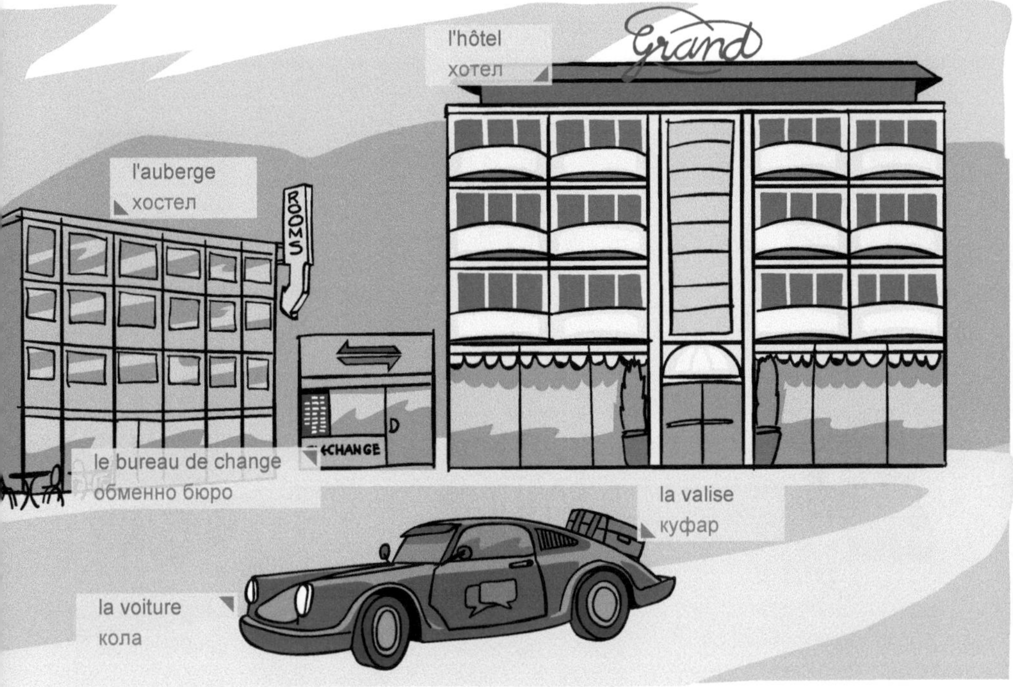

la langue

език

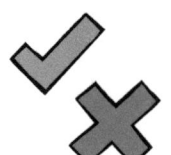

oui / non

да / не

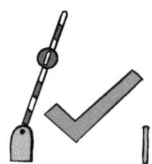

d'accord

Окей

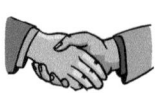

Salut

здравей

l'interprète

преводач

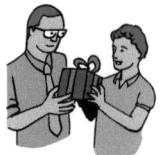

merci

Благодаря

Combien coûte...?

Колко струва...?

Je ne comprends pas

Не разбирам

le problème

проблем

Bonsoir !

Добър вечер!

Bonjour !

Добро утро!

Bonne nuit !

Лека нощ!

Au revoir

довиждане

la direction

посока

les bagages

багаж

le sac

пътна чанта

le sac-à-dos

раница

l'hôte

посетител

la pièce

стая

le sac de couchage

спален чувал

la tente

палатка

l'office de tourisme

ристическа информация

la plage

плаж

la carte de crédit

кредитна карта

le petit-déjeuner

закуска

le déjeuner

обед

le dîner

вечеря

le billet

билет

l'ascenseur

асансьор

le timbre

пощенска марка

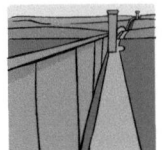

la frontière

граница

la douane

митница

l'ambassade

посолство

le visa

виза

le passeport

паспорт

le transport

транспорт

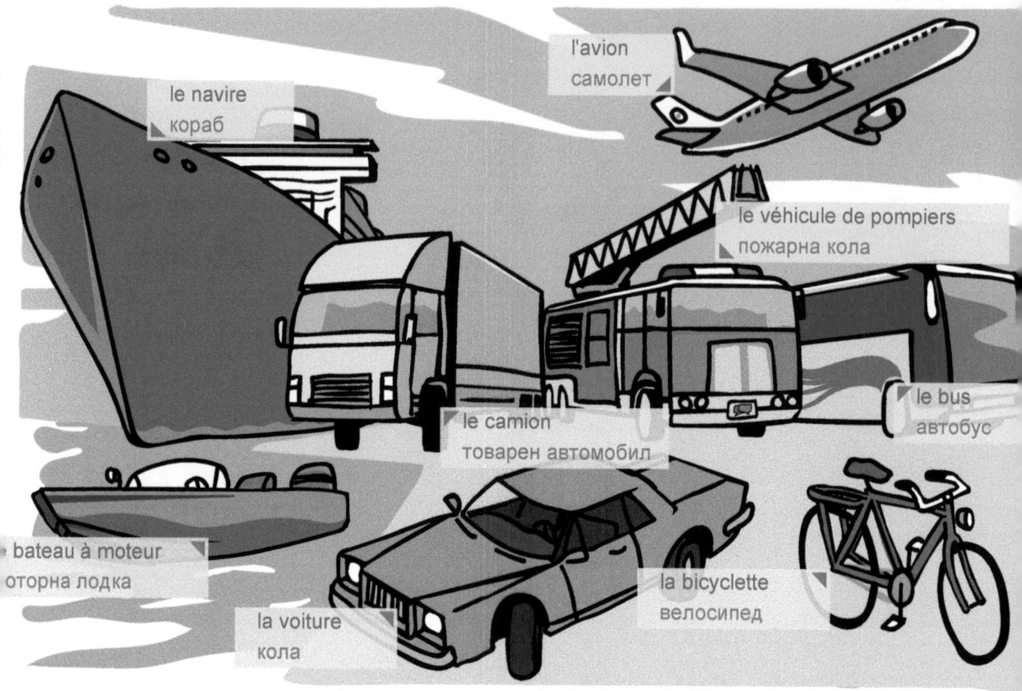

l'avion
самолет
le navire
кораб
le véhicule de pompiers
пожарна кола
le bus
автобус
le camion
товарен автомобил
bateau à moteur
оторна лодка
la bicyclette
велосипед
la voiture
кола

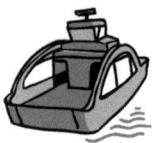

le ferry

ферибот

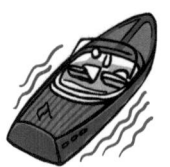

la barque

лодка

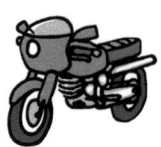

la moto

мотоциклет

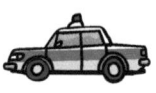

la voiture de police

полицейска кола

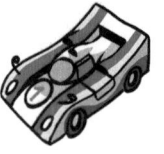

la voiture de course

състезателна кола

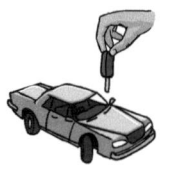

la voiture de location

кола под наем

l'auto-partage

каршеринг

la voiture de remorquage

автомобил от "Пътна помощ"

la benne à ordures

сметовоз

le moteur

двигател

l'essence

бензин

la station d'essence

бензиностанция

le panneau indicateur

пътен знак

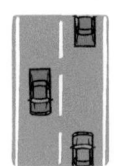

le trafic

улично движение

l'embouteillage

задръстване

le parking

паркинг

la gare

гара

les rails

релси

le train

влак

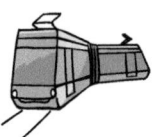

le tramway

трамвай

le wagon

вагон

l'hélicoptère

хеликоптер

l'aéroport

аерогара

la tour

кула

le passager

пасажер

le conteneur

контейнер

le carton

кашон

le chariot

ръчна количка

la corbeille

кошница

décoller / atterrir

излитам / приземявам се

la ville

град

le village

село

le centre-ville

градски център

la maison

къща

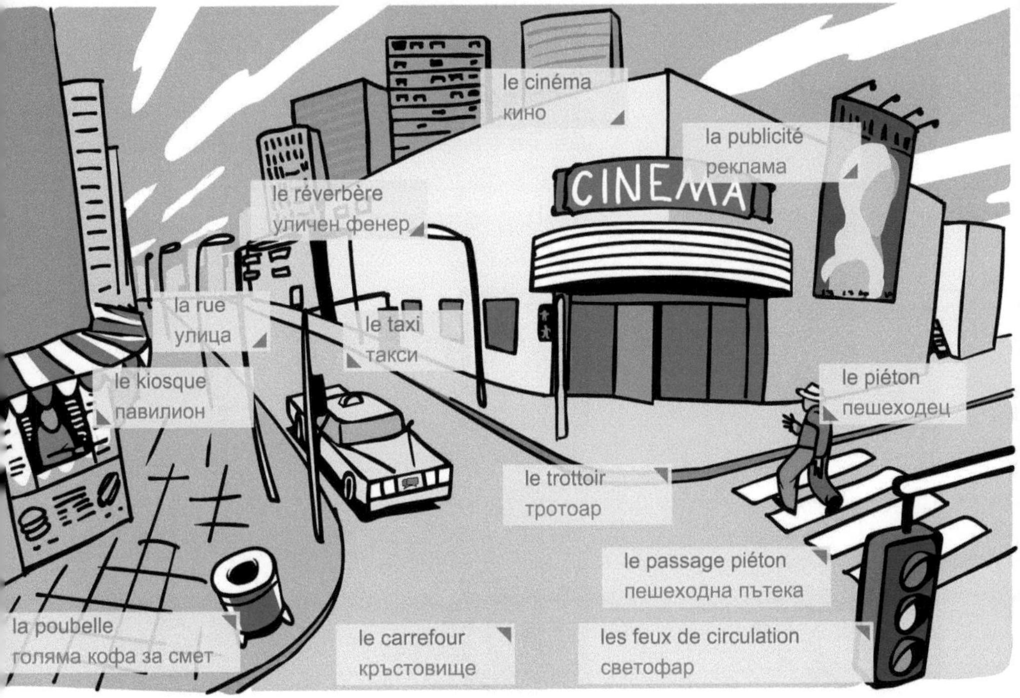

le cinéma
кино
la publicité
реклама
CINEMA
le réverbère
уличен фенер
la rue
улица
le taxi
такси
le kiosque
павилион
le piéton
пешеходец
le trottoir
тротоар
le passage piéton
пешеходна пътека
la poubelle
голяма кофа за смет
le carrefour
кръстовище
les feux de circulation
светофар

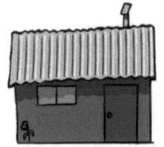

la cabane

хижа

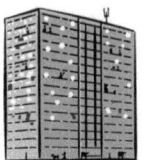

l'appartement

жилище

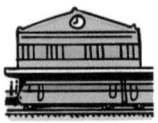

la gare

гара

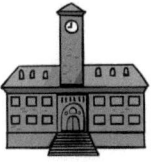

la mairie

кметство

MUSEUM

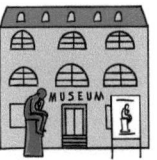

le musée

музей

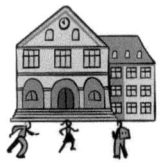

l'école

училище

l'université

университет

la banque

банка

l'hôpital

болница

l'hôtel

хотел

la pharmacie

аптека

le bureau

офис

la librairie

книжарница

le magasin

магазин за цветя

le fleuriste

магазин за цветя

le supermarché

супермаркет

le marché

пазар

le grand magasin

универсален магазин

la poissonnerie

търговец на риба

le centre commercial

търговски център

le port

пристанище

le parc

парк

la banque

пейка

le pont

мост

les escaliers

стълба

le métro

метро

le tunnel

тунел

l'arrêt de bus

автобусна спирка

le bar

бар

le restaurant

ресторант

la boîte à lettres

пощенска кутия

le panneau indicateur

улична табелка

le parcmètre

часовник за паркинг
престой

le zoo

зоологическа градина

le réverbère

плувен басейн

la mosquée

джамия

la ferme

селски двор

la pollution

замърсяване на околната среда

la cimetière

гробище

l'église

църква

l'aire de jeux

детска площадка

le temple

храм

le paysage
пейзаж

la feuille
листо

le panneau indicateur
пътепоказател

le chemin
път

le pré
ливада

la pierre
камък

l'arbre
дърво

le randonneur
пътешественик

la rivière
река

l'herbe
трева

la fleur
цвете

la vallée
долина

la montagne
планина

le lac
море

la forêt
гора

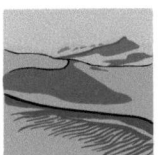

le désert
пустиня

le volcan
вулкан

le château
замък

l'arc-en-ciel
дъга

le champignon
гъба

le palmier
палма

le moustique
комар

la mouche
муха

les fourmis
мравка

l'abeille
пчела

l'araignée
паяк

le coléoptère

бръмбар

la grenouille

жаба

l'écureuil

катеричка

le hérisson

таралеж

le lièvre

заек

la chouette

кукумявка

l'oiseau

птица

le cygne

лебед

le sanglier

диво прасе

le cerf

елен

l'élan

лос

le barrage

бент

l'éolienne

вятърна турбина

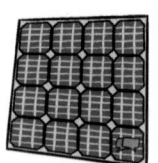

le panneau solaire

соларен модул

le climat

климат

le restaurant
ресторант

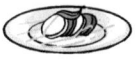

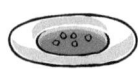

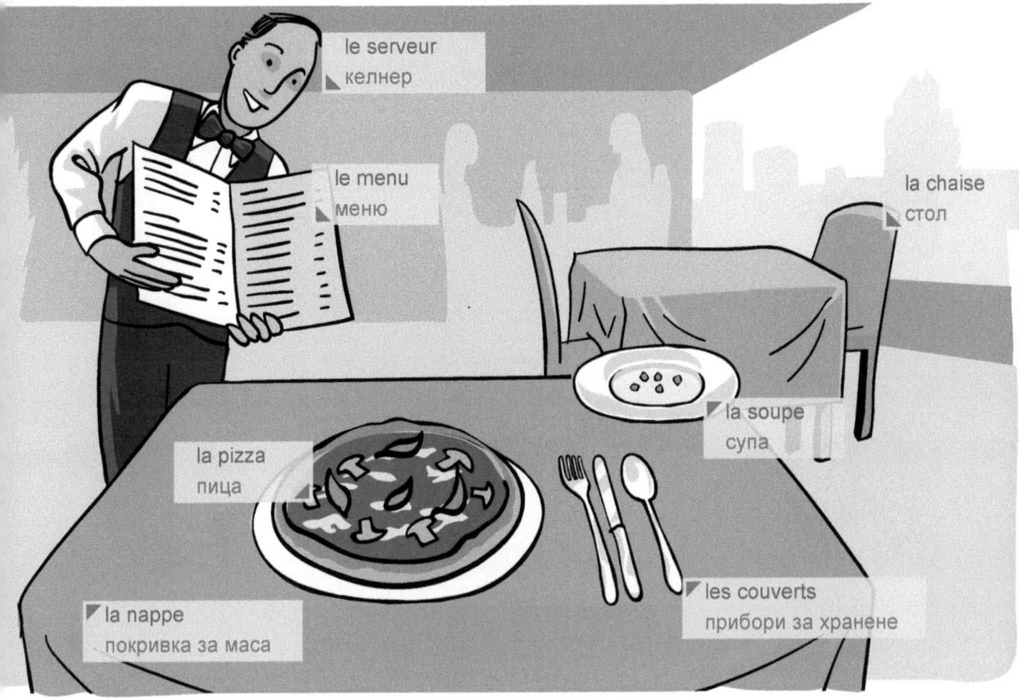

le serveur
келнер
le menu
меню
la chaise
стол
la soupe
супа
la pizza
пица
les couverts
прибори за хранене
la nappe
покривка за маса

les hors d'œuvre

предястие

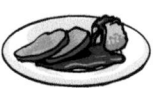

le plat principal

основно ястие

le dessert

десерт

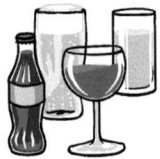

les boissons

напитки

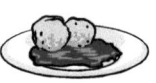

l'alimentation

ядене

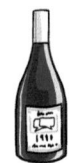

la bouteille

бутилка

le fast-food

бързо хранене

les plats à emporter

улична храна

la théière

кана за чай

le sucrier

кутия за захар

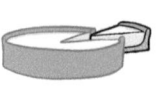

la portion

порция

la machine à expresso

еспресо машина

la chaise haute

висок детски стол

la facture

сметка

le plateau

табла

le couteau

ножица за нокти

la fourchette

вилица

la cuillère

лъжица

la cuillère à thé

чаена лъжичка

la serviette

салфетка

le verre

стъклена чаша

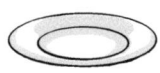

l'assiette

чиния

l'assiette à soupe

чиния за супа

la soucoupe

чинийка

la sauce

сос

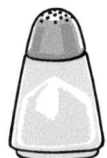

la salière

солница

le moulin à poivre

мелничка за черен пипер

le vinaigre

оцет

l'huile

олио

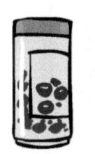

les épices

подправки

le ketchup

кетчуп

la moutarde

горчица

la mayonnaise

майонеза

le supermarché
супермаркет

l'offre promotionnelle
оферта
FOR
le client
клиент
les produits laitiers
млечни продукти
les fruits
плодове
le chariot
количка за покупки

BUTCHERS

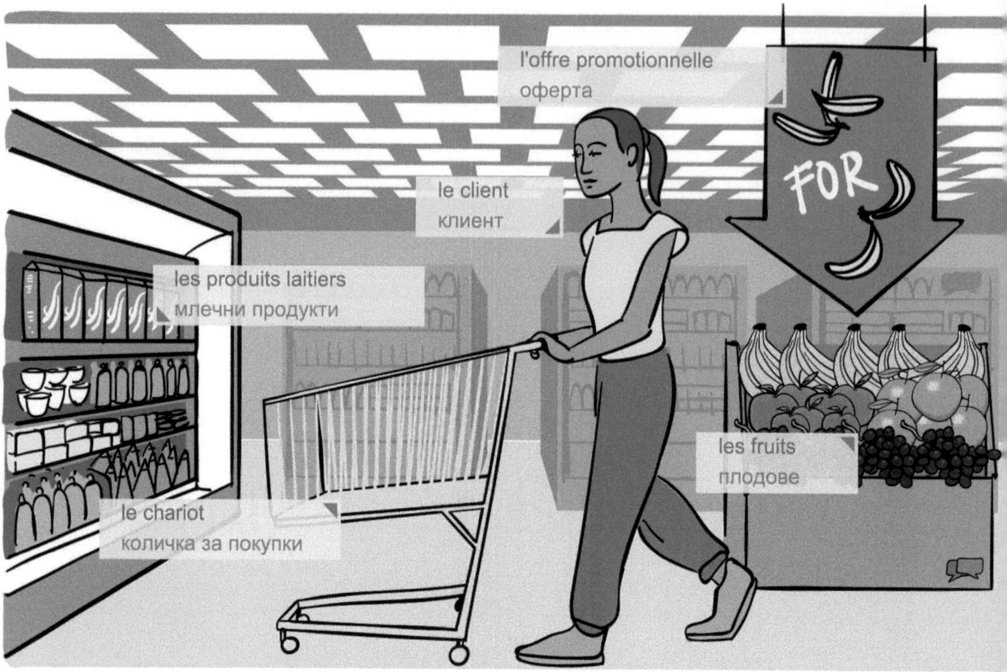

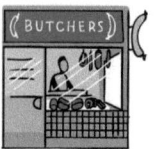

la boucherie

кланица

BAKERY

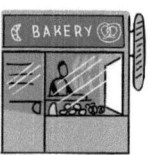

la boulangerie

хлебарница

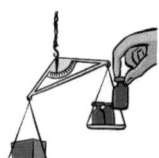

peser

тегля

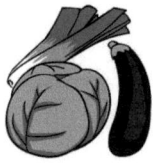

les légumes

зеленчуци

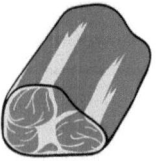

la viande

месо

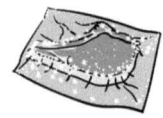

les aliments surgelés

дълбоко замразена храна

la charcuterie

нарязан колбас или сирене

les conserves

консерви

la poudre à lessive

перилен препарат

les bonbons

лакомства

les articles ménagers

домакински изделия

les détergents

почистващи препарати

la vendeuse

продавачка

la caisse

каса

le caissier

касиер

la liste d'achats

списък на покупките

les heures d'ouverture

работно време

le portefeuille

портфейл

la carte de crédit

кредитна карта

le sac

чанта

le sac en plastique

пластмасова торба

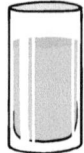

l'eau

вода

le jus de fruit

сок

le lait

мляко

le coca

кола

le vin

вино

la bière

бира

l'alcool

алкохол

le chocolat chaud

какао

le thé

чай

le café

кафе машина

l'expresso

еспресо

le cappuccino

капучино

la banane

банан

la pomme

ябълка

l'orange

портокал

le melon

пъпеш

le citron.

лимон

la carotte

морков

l'ail

чесън

le bambou

бамбук

l'oignon

лук

le champignon

гъба

les noisettes

ядки

les pâtes

макарони

les spaghetti

спагети

le riz

ориз

la salade

салата

les pommes frites

пържени картофи

les pommes de terre rôties

печени картофи

la pizza

пица

le hamburger

хамбургер

le sandwich

сандвич

l'escalope

шницел

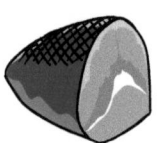

le jambon

шунка

le salami

траен колбас

la saucisse

салам

le poulet

пиле

le rôti

печено

le poisson

риба

les flocons d'avoine

овесени ядки

le muesli

мюсли

les cornflakes

корнфлейкс

la farine

брашно

le croissant

кроасан

les petits-pains

хлебчета

le pain

хляб

le pain grillé

препечена филийка

les biscuits

бисквити

le beurre

масло

le fromage blanc

извара

le gâteau

сладкиш

l'œuf

яйце

l'œuf au plat

яйца на очи

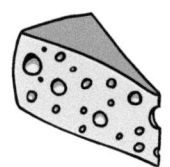

le fromage

сирене

la glace

сладолед

le sucre

захар

le miel

мед

la confiture

мармалад

la crème nougat

нуга крем

le curry

къри

la ferme

селски двор

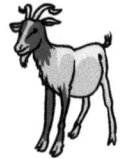

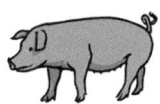

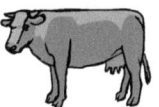

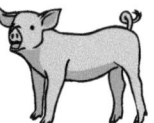

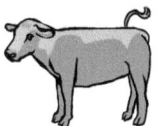

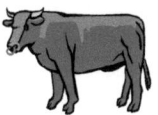

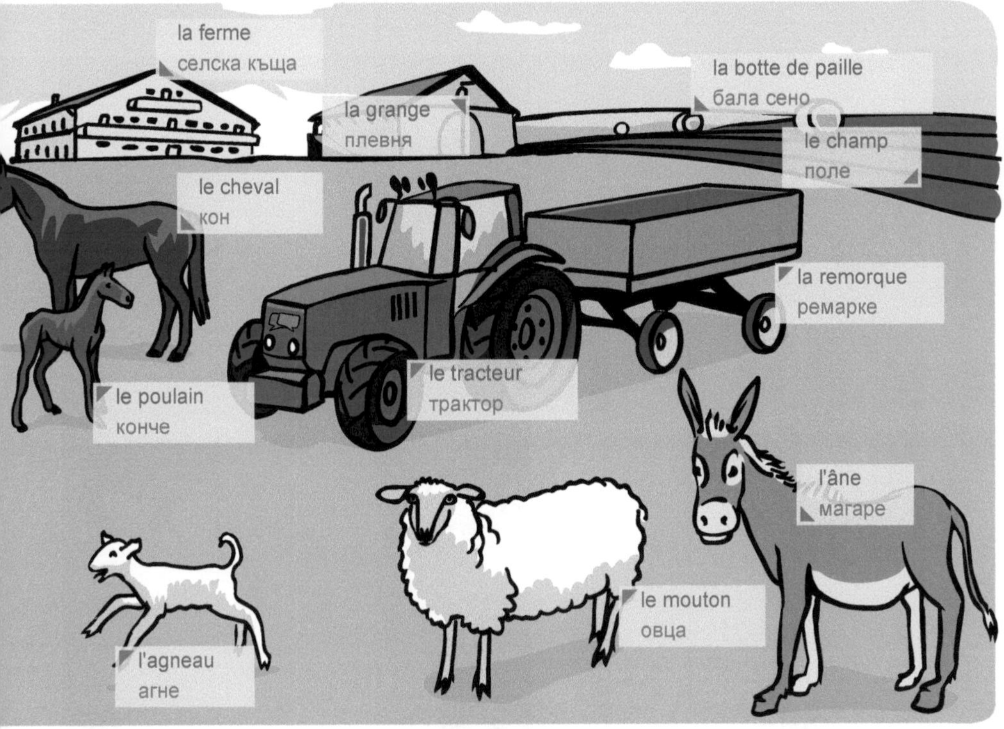
la ferme
селска къща
la grange
плевня
la botte de paille
бала сено
le champ
поле
le cheval
кон
la remorque
ремарке
le tracteur
трактор
le poulain
конче
l'âne
магаре
le mouton
овца
l'agneau
агне

la chèvre

коза

la vache

крава

le veau

теле

le porc

свиня

le porcelet

прасенце

le taureau

бик

l'oie

гъска

le canard

патица

le poussin

пиленце

la poule

кокошка

le coq

петел

le rat

плъх

le chat

котка

la souris

мишка

le bœuf

вол

le chien

куче

le chenil

кучешка колиба

le tuyau de jardin

градински маркуч

l'arrosoir

лейка

la faucheuse

коса

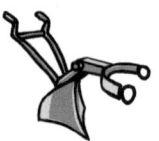

la charrue

плуг

la faucille

сърп

la pioche

мотика

la fourche

вила за тор

la hache

брадва

la brouette

ръчна количка

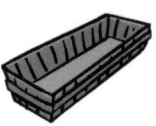

la cuve

корито

le pot à lait

съд за мляко

le sac

чувал

la clôture

ограда

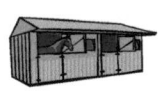

l'étable

обор

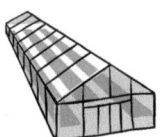

le serre

парник

le sol

земя

les semences

сеитба

l'engrais

тор

la moissonneuse-batteuse

комбайн

récolter

жъна

la récolte

реколта

l'igname

ямс

le blé

жито

le soja

соя

la pomme de terre

картоф

le maïs

царевица

le colza

рапица

l'arbre fruitier

овощно дърво

le manioc

маниока

les céréales

зърнени храни

la maison

къща

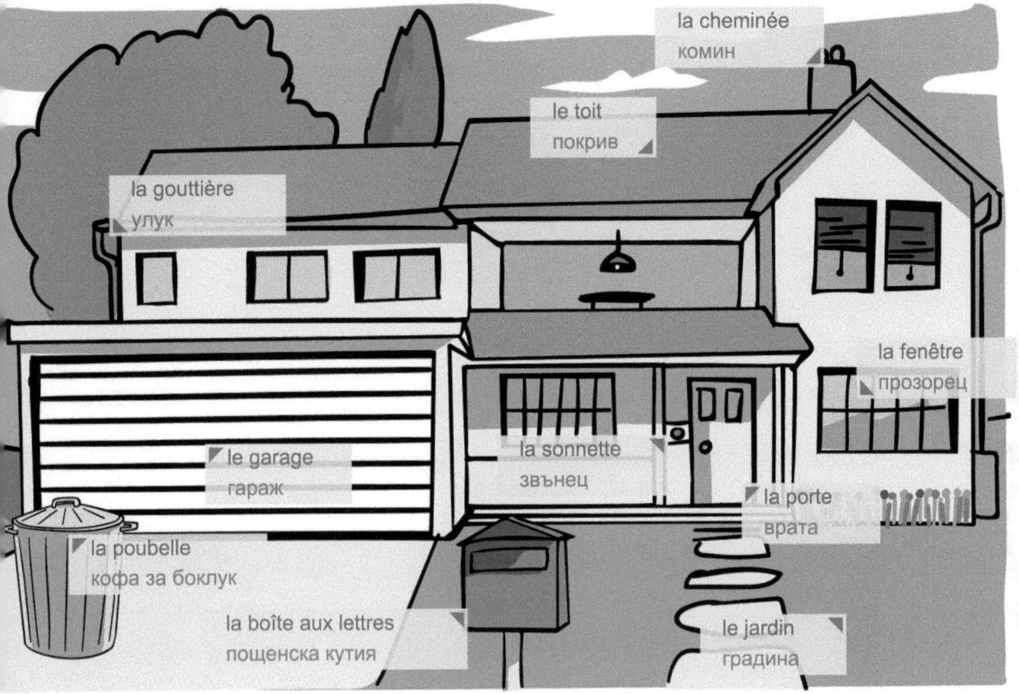

la cheminée
комин
le toit
покрив
la gouttière
улук
la fenêtre
прозорец
le garage
гараж
la sonnette
звънец
la porte
врата
la poubelle
кофа за боклук
la boîte aux lettres
пощенска кутия
le jardin
градина

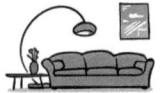

le salon
всекидневна

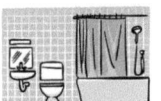

la salle de bain
баня

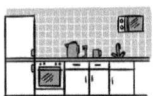

la cuisine
кухня

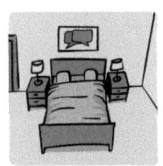

la chambre à coucher
спалня

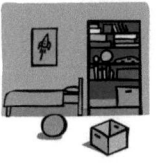

la chambre d'enfant
детска стая

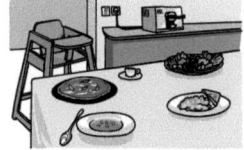

la salle à manger
трапезария

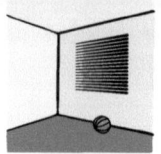

le sol

под

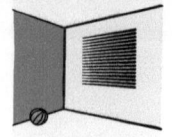

le mur

стена

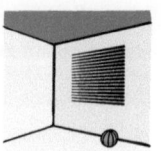

le plafond

таван

la cave

изба

le sauna

сауна

le balcon

балкон

la terrasse

тераса

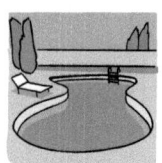

la piscine

плувен басейн

la tondeuse à gazon

косачка

la housse

спално бельо

la couette

покривка за легло

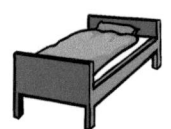

le lit

легло

le balai

метла

le sceau

кофа

l'interrupteur

електрически ключ

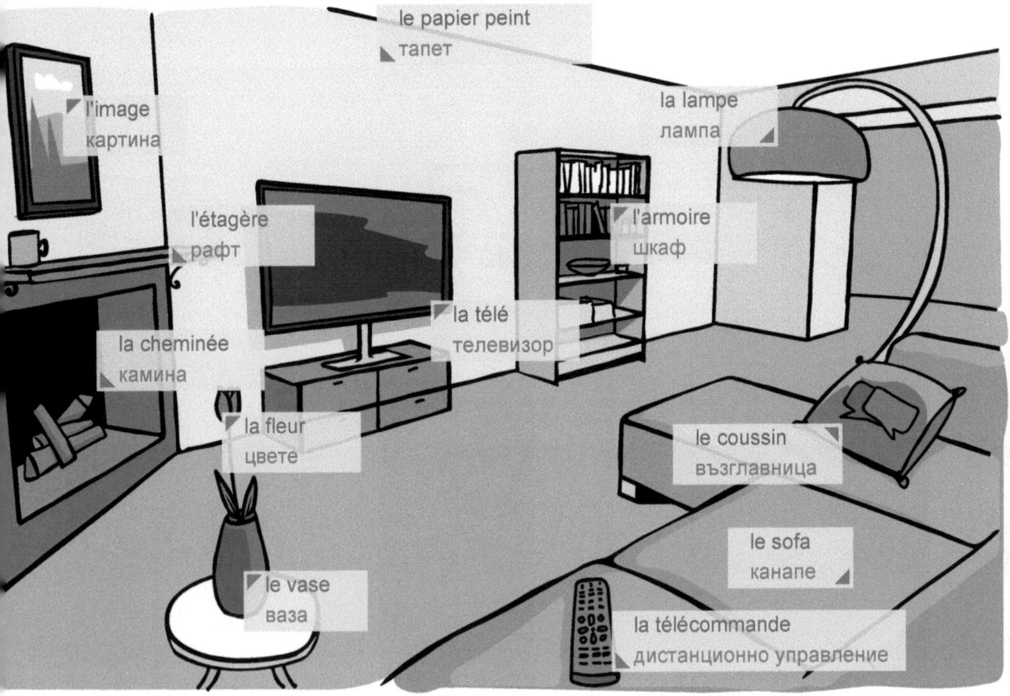

le papier peint
тапет

la lampe
лампа

l'image
картина

l'étagère
рафт

l'armoire
шкаф

la cheminée
камина

la télé
телевизор

la fleur
цвете

le coussin
възглавница

le sofa
канапе

le vase
ваза

la télécommande
дистанционно управление

le tapis

килим

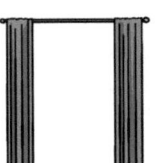

le rideau

завеса

la table

маса

la chaise

стол

la chaise à bascule

люлеещ се стол

le fauteuil

кресло

le livre

книга

la couverture

одеяло

la décoration

декорация

le bois de chauffage

дърва за отопление

le film

филм

la chaîne hi-fi

стерео уредба

la clé

ключ

le journal

вестник

la peinture

живопис

le poster

постер

la radio

радио

le bloc-notes

бележник

l'aspirateur

прахосмукачка

le cactus

кактус

la bougie

свещ

la cuisine

кухня

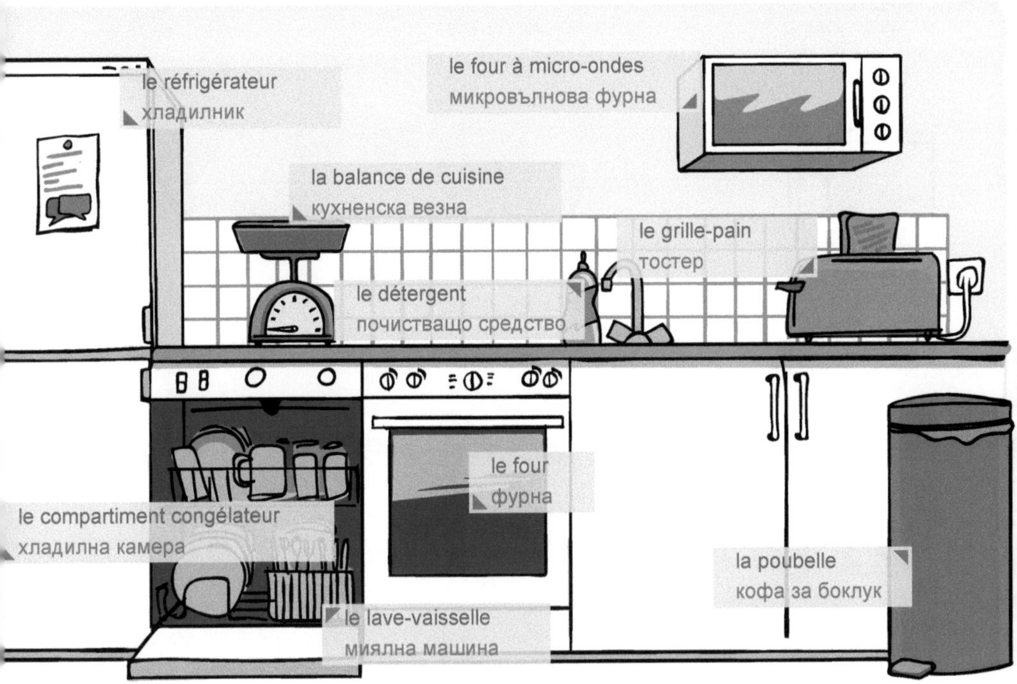

le réfrigérateur
хладилник
le four à micro-ondes
микровълнова фурна
la balance de cuisine
кухненска везна
le grille-pain
тостер
le détergent
почистващо средство
le four
фурна
le compartiment congélateur
хладилна камера
la poubelle
кофа за боклук
le lave-vaisselle
миялна машина

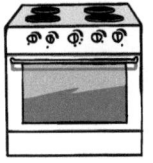

le four

готварска печка

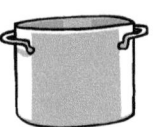

la casserole

тенджера

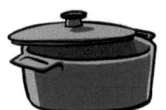

la marmite

желязна тенджера

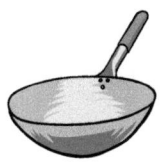

le wok / kadai

уок / кадаи

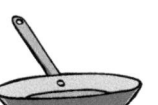

la poêle

тиган

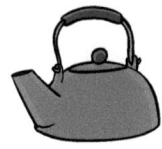

la bouilloire electrique

кана за затопляне на вода

le cuiseur vapeur

уред за готвене на пара

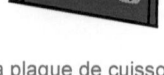

la plaque de cuisson

тава за печене

la vaisselle

съдове

le gobelet

чаша

la coupe

купа

les baguettes

клечки за хранене

la louche

черпак

la spatule

лопатка за тиган

le fouet

тел за разбиване (на яйца, белтъци)

la passoire

кошница за варене

le tamis

гевгир

la râpe

ренде

le mortier

хаван

le barbecue

барбекю

la cheminée

огнище

la planche à découper

дъска

le rouleau à pâtisserie

точилка

le tire-bouchon

тирбушон

la boîte

кутия

l'ouvre-boîte

отварачка за консерви

les maniques

кухненска ръкохватка

le lavabo

мивка

la brosse

четка

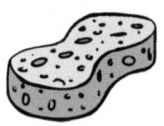

l'éponge

гъба

le mixeur

миксер

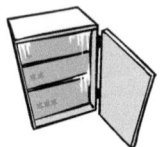

le congélateur

фризер

le biberon

бебешко шише

le robinet

воден кран

la salle de bain

баня

la douche
душ
le chauffage
отопление
la serviette
хавлиена кърпа
le rideau de douche
завеса за баня
le bain moussant
шампоан за вана
la baignoire
вана
le verre
стъклена чаша
la machine à laver
перална машина
le robinet
воден кран
le carrelage
плочки
le pot
гърне
le lavabo
мивка

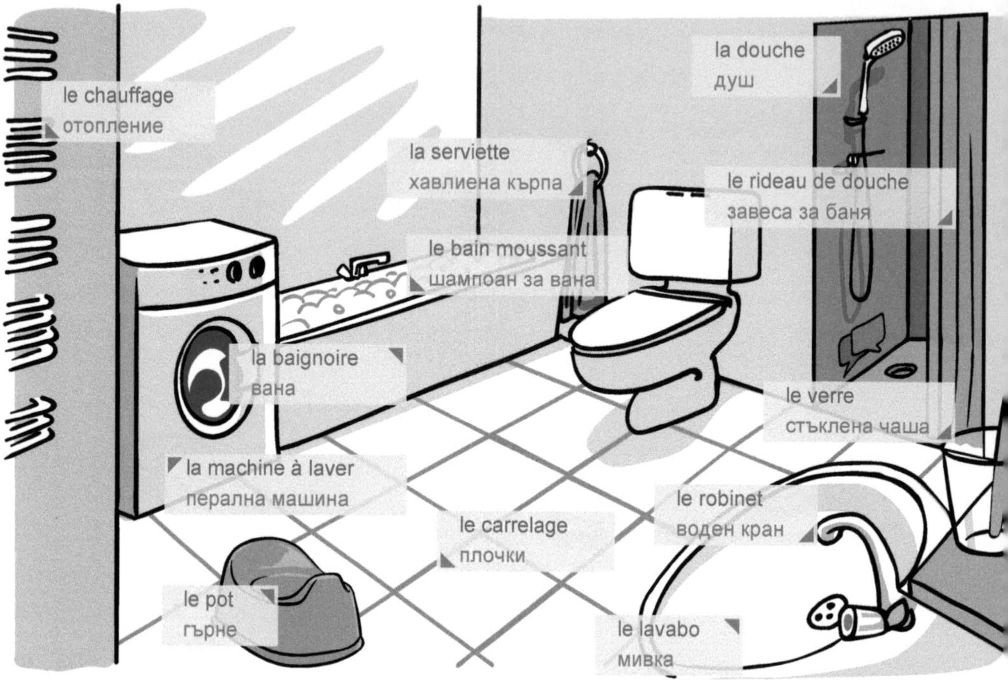

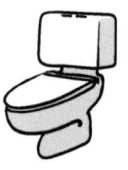

les toilettes

тоалетна

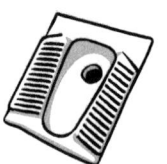

la toilette à la turque

клекало

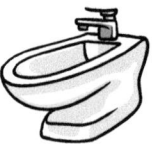

le bidet

биде

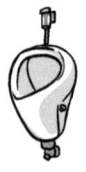

l'urinoir

писоар

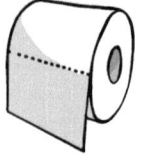

le papier toilette

тоалетна хартия

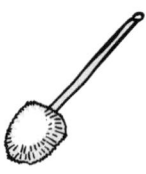

la brosse à toilette

четка за тоалетна

la brosse à dents

четка за зъби

le dentifrice

паста за зъби

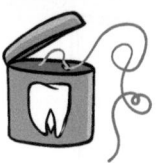

le fil dentaire

конец за зъби

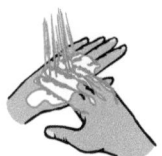

laver

мия

la douche manuelle

ръчен душ

la douche intime

интимен душ

la vasque

леген

la brosse dorsale

четка за гръб

le savon

сапун

le gel douche

душ гел

le shampooing

шампоан за вана

le gant de toilette

гъба за баня

l'écoulement

сифон

la crème

крем

le déodorant

дезодорант

le miroir

огледало

le miroir cosmétique

козметично огледало

le rasoir

ръчна самобръсначка

la mousse à raser

пяна за бръснене

l'après-rasage

одеколон за след
бръснене

la peigne

гребен

la brosse

четка

le sèche-cheveux

сешоар

la laque pour cheveux

спрей за коса

le fond de teint

грим

le rouge à lèvres

червило

le vernis à ongles

лак за нокти

l'ouate

памук

le coupe-ongles

ножица за нокти

le parfum

парфюм

la trousse de toilette

тоалетна чантичка

le tabouret

табуретка

le pèse-personne

везна

le peignoir

хавлия

les gants de nettoyage

домакински ръкавици

le tampon

тампон

es serviettes hygiéniques

дамски превръзки

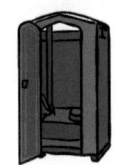

la toilette chimique

химическа тоалетна

la chambre d'enfant

детска стая

le réveil
будилник
le doudou
плюшена играчка
la voiture jouet
автомобил играчка
le hochet
дрънкалка
la maison de poupée
къща за кукли
le cadeau
подарък

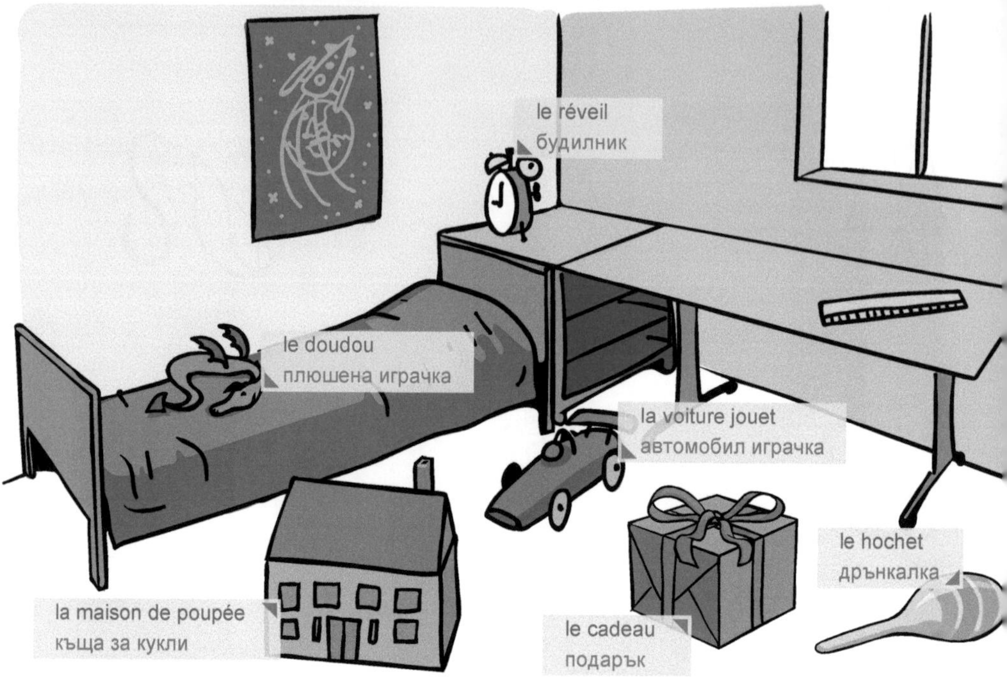

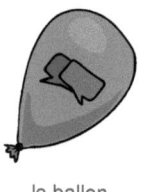

le ballon

балон

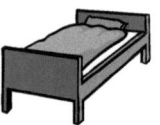

le lit

легло

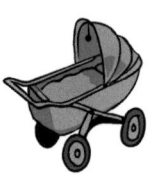

la poussette

детска количка

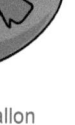

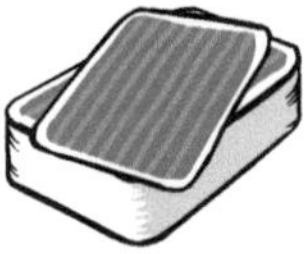

le jeu de cartes

игра на карти

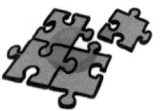

le puzzle

пъзел

la bande dessinée

комикс

les pièces lego

лего елементи

les blocs de construction

строителни елементи

la figurine

екшън фигурка

la grenouillère

бебешки гащеризон

le frisbee

фрисби

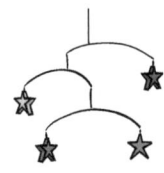

le mobile

бебешки играчки за легло

le jeu de société

настолна игра

le dé

зарче

le train miniature

миниатюрно влакче

la sucette

биберон

la fête

парти

le livre d'images

детска книга с илюстрации

la balle

топка

la poupée

кукла

jouer

играя

le bac à sable

пясъчник

la balançoire

люлка

les jouets

играчка

la console de jeu

игрова конзола

le tricycle

велосипед с три колелета

l'ours en peluche

плюшено мече

l'armoire

гардероб

les vêtements
облекло

les chaussettes

къси чорапи

les bas

дълги чорапи

le collant

чорапогащник

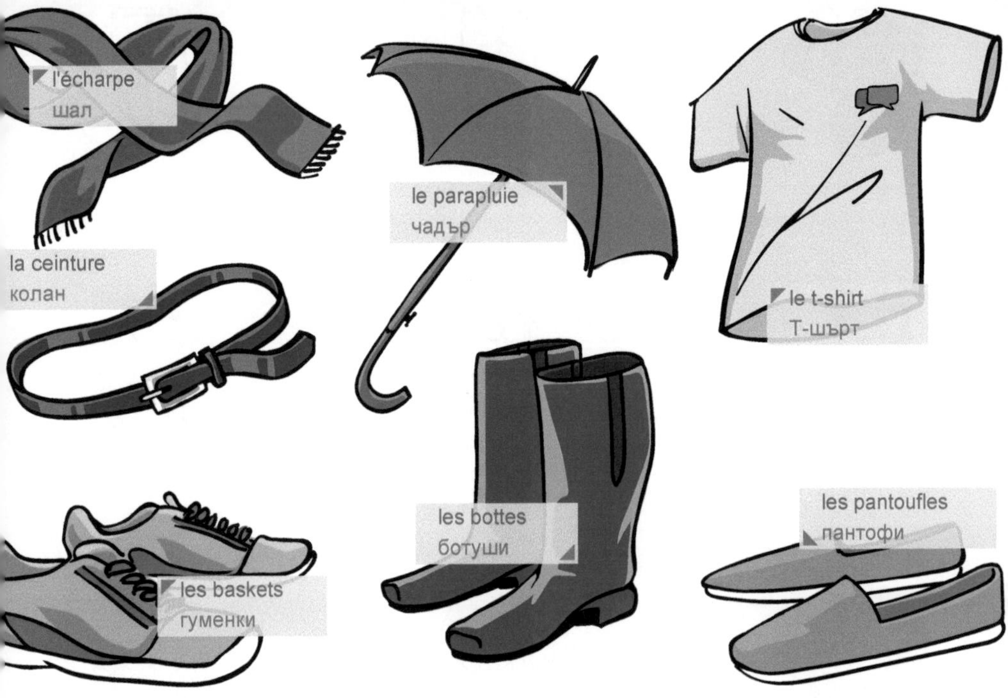

l'écharpe
шал

le parapluie
чадър

la ceinture
колан

le t-shirt
Т-шърт

les bottes
ботуши

les pantoufles
пантофи

les baskets
гуменки

les sandales
....
сандали

les chaussures
....
обувки

les bottes de caoutchouc
....
гумени ботуши

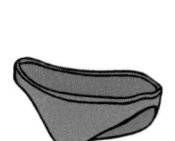

les sous-vêtements
....
слип

le soutien-gorge
....
сутиен

le maillot de corps
....
долна блуза

les vêtements - облекло

le body
боди

le pantalon
панталон

le jean
дънки

la jupe
пола

le chemisier
блуза

la chemise
риза

le pull
пуловер

le sweat à capuche
суичър

la veste
блейзър

la veste
яке

le manteau
палто

l'imperméable
дъждобран

le costume
костюм

la robe
рокля

la robe de mariée
булчинска рокля

les vêtements - облекло

le costume

костюм

la chemise de nuit

нощница

le pyjama

пижама

le sari

сари

le foulard

кърпа за глава

le turban

тюрбан

la burqa

бурка

le caftan

кафтан

l'abaya

абая

le maillot de bain

бански костюм

le maillot de bain

плувни шорти

le short

къс панталон

la tenue d'entraînement

анцуг

le tablier

престилка

les gants

ръкавици

le bouton

копче

les lunettes

очила

le bracelet

гривна

le collier

верижка

la bague

пръстен

la boucle d'oreille

обеца

le bonnet

каскет

le cintre

закачалка

le chapeau

шапка

la cravate

вратовръзка

la fermeture éclair

цип

le casque

каска

les bretelles

тиранти

l'uniforme scolaire

ученическа униформа

l'uniforme

униформа

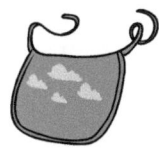

le bavoir

лигавник

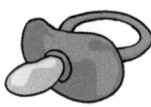

la sucette

биберон

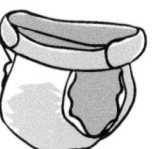

la lange

пелена

le bureau

офис

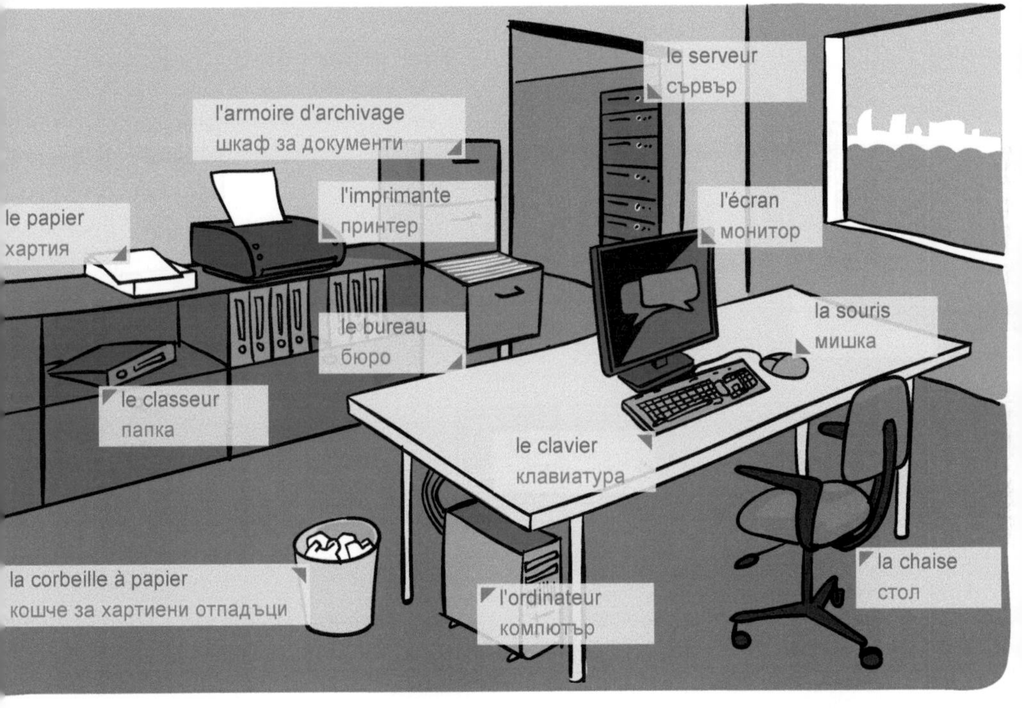

le serveur
сървър
l'armoire d'archivage
шкаф за документи
l'imprimante
принтер
l'écran
монитор
le papier
хартия
la souris
мишка
le bureau
бюро
le classeur
папка
le clavier
клавиатура
la corbeille à papier
кошче за хартиени отпадъци
l'ordinateur
компютър
la chaise
стол

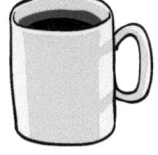

la tasse de café

чаша за кафе

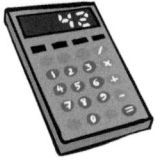

la calculatrice

джобен калкулатор

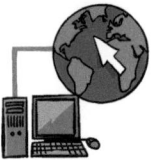

l'internet

интернет

l'ordinateur portable

лаптоп

la lettre

писмо

le message

съобщение

le portable

мобилен телефон

le réseau

мрежа

la photocopieuse

ксерокс

le logiciel

софтуер

le téléphone

телефон

la prise

контакт

le fax

факс

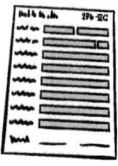

le formulaire

формуляр

le document

документ

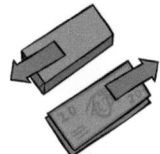

acheter

купувам

payer

плащам

faire du commerce

търгувам

la monnaie

пари

le dollar

долар

l'euro

евро

le yen

йена

le rouble

рубла

le franc suisse

швейцарски франк

le renminbi yuan

ренминби юан

la roupie

рупия

le distributeur automatique

банкомат

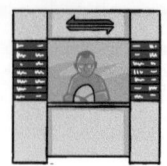

le bureau de change

обменно бюро

l'or

злато

l'argent

сребро

le pétrole

нефт

l'énergie

енергия

le prix

цена

le contrat

договор

la taxe

данък

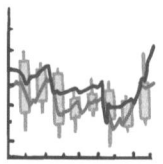

l'action

акция

travailler

работя

l'employé

служител

l'employeur

работодател

l'usine

фабрика

le magasin

магазин за цветя

les professions
професии

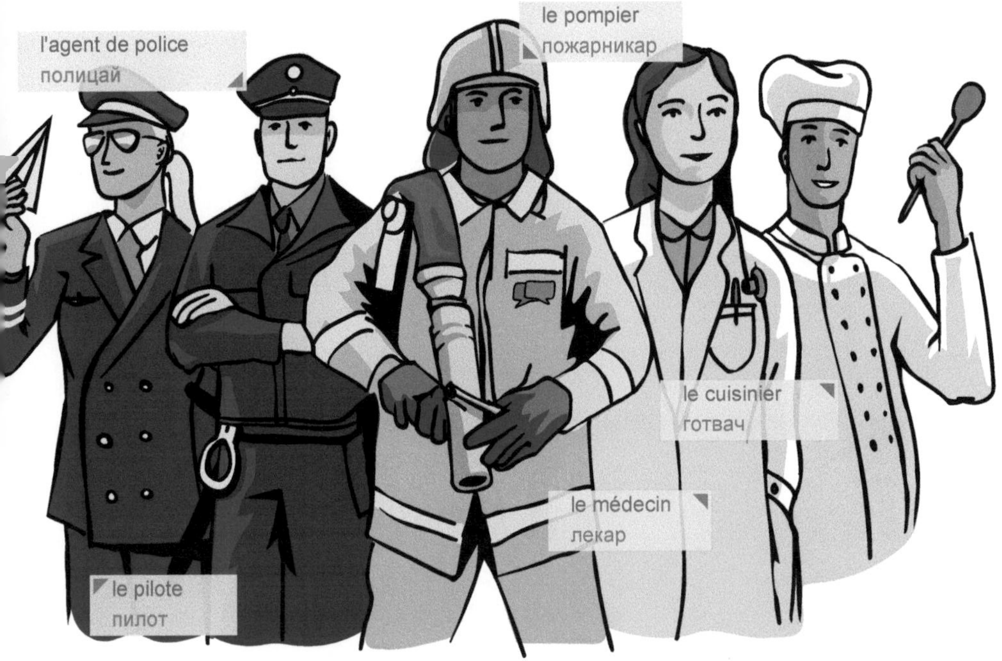

l'agent de police
полицай
le pompier
пожарникар
le cuisinier
готвач
le médecin
лекар
le pilote
пилот

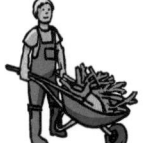

le jardinier

градинар

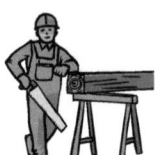

le menuisier

мебелист

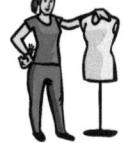

la couturière

шивачка

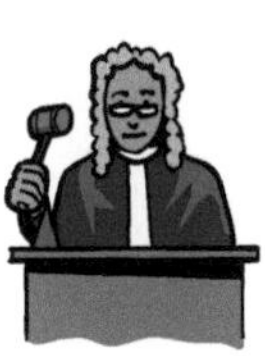

le juge

съдия

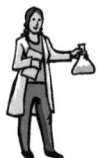

le chimiste

химик

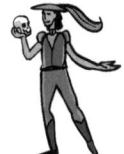

l'acteur

артист

le conducteur de bus

шофьор на автобус

le chauffeur de taxi

шофьор на такси

le pêcheur

рибар

la femme de ménage

чистачка

le couvreur

майстор на покриви

le serveur

келнер

le chasseur

ловец

le peintre

художник

le boulanger

хлебар

l'électricien

електротехник

l'ouvrier

строителен работник

l'ingénieur

инженер

le boucher

касапин

le plombier

тенекеджия

le facteur

пощальон

le soldat

войник

l'architecte

архитект

le caissier

касиер

le fleuriste

цветар

le coiffeur

фризьор

le contrôleur

кондуктор

le mécanicien

механик

le capitaine

капитан

le dentiste

зъболекар

le scientifique

научен работник

le rabbin

равин

l'imam

имàм

le moine

монах

le prêtre

свещеник

les outils

инструменти

le marteau
чук
les pinces
клещи
le tournevis
отвертка
la clé
гаечен ключ
la torche
джобна лампа

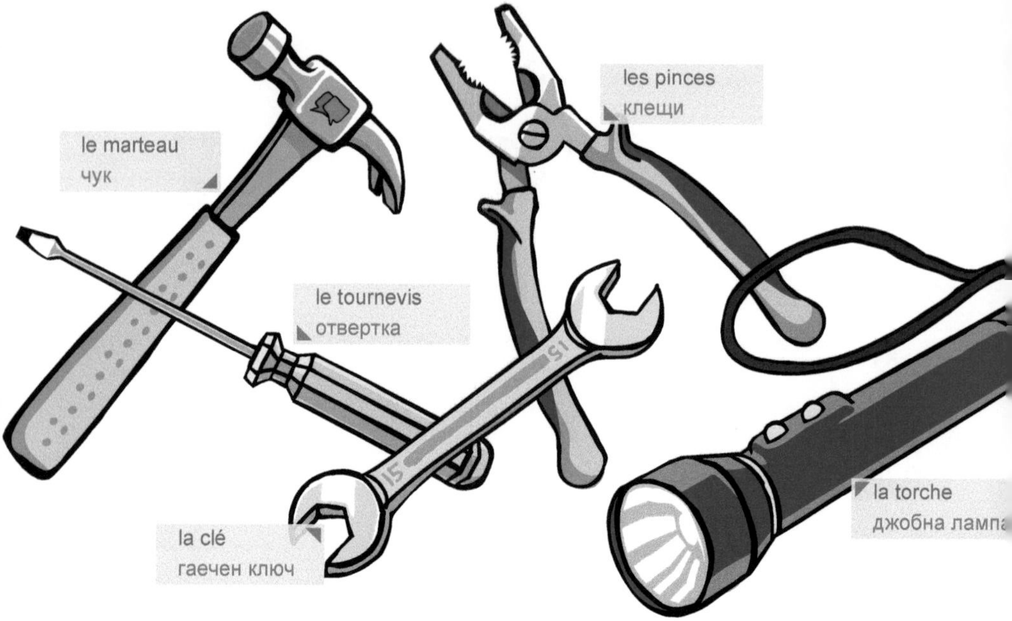

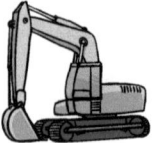

la pelleteuse

багер

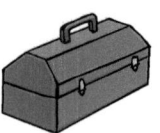

la boîte à outils

кутия за инструменти

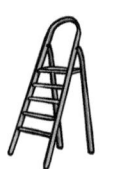

l'échelle

стълба

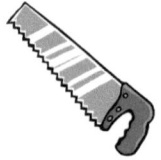

la scie

трион

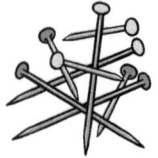

les clous

пирони

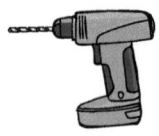

la perceuse

бормашина

réparer

ремонтирам

la pelle

лопата

Mince !

По дяволите!

la pelle

лопатка за смет

le pot de peinture

кутия за боя

les vis

болтове

les instruments de musique
музикални инструменти

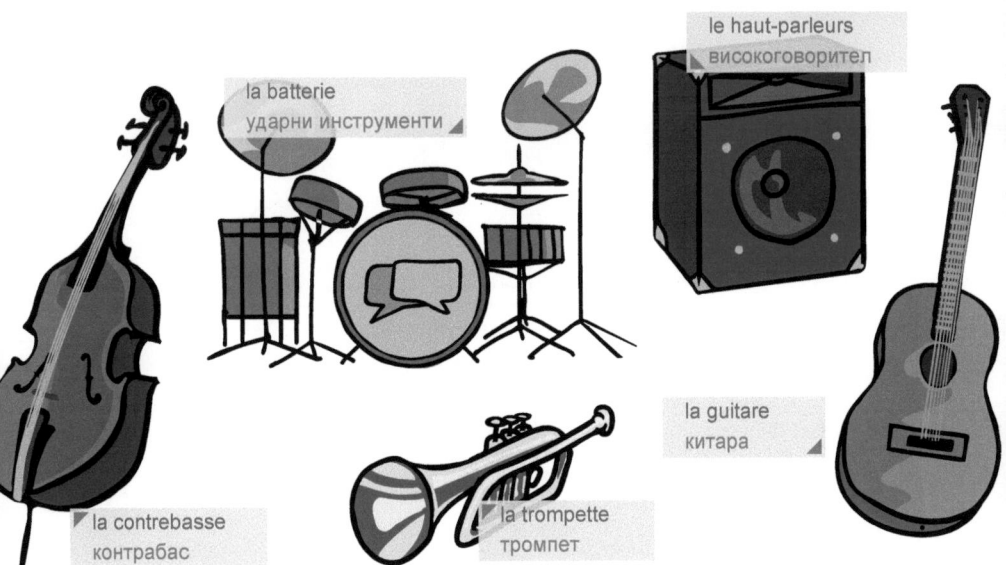

la batterie
ударни инструменти

le haut-parleurs
високоговорител

la guitare
китара

la contrebasse
контрабас

la trompette
тромпет

le piano

пиано

le violon

виолина

la basse

контрабас

les timbales

тимпан

le tambour

барабан

le piano électrique

електрическо пиано

le saxophone

саксофон

la flûte

флейта

le microphone

микрофон

l'entrée
вход

le tigre
тигър

la cage
бръмбар

le zèbre
зебра

l'alimentation animale
храна за животни

le panda
панда

les animaux

животни

l'éléphant

слон

le kangourou

кенгуру

le rhinocéros

носорог

le gorille

горила

l'ours

мечка

le chameau

камила

l'autruche

щраус

le lion

лъв

le singe

маймуна

le flamand rose

фламинго

le perroquet

папагал

l'ours polaire

бяла мечка

le pingouin

пингвин

le requin

акула

le paon

паун

le serpent

змия

le crocodile

крокодил

le gardien de zoo

пазач в зоологическа
градина

le phoque

тюлен

le jaguar

ягуар

le zoo - зоологическа градина

le poney

пони

le léopard

леопард

l'hippopotame

хипопотам

la girafe

жираф

l'aigle

орел

le sanglier

диво прасе

le poisson

риба

la tortue

костенурка

le morse

морж

le renard

лисица

la gazelle

газела

l'american Football
американски футбол

le cyclisme
колоездене

le tennis
тенис

le basket-ball
баскетбол

la natation
плуване

la boxe
бокс

le hockey sur glace
хокей на лед

le football
футбол

le badminton
бадминтон

l'athlétisme
лека атлетика

le handball
хандбал

le ski
ски бягане

le polo
поло

sauter
скачам

rire
смея се

embrasser
прегръщам

marcher
вървя

chanter
пея

rêver
сънувам

prier
моля се

faire la bise
целувам

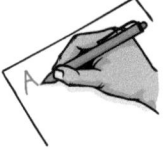

écrire

пиша

dessiner

рисувам

montrer

показвам

pousser

бутам

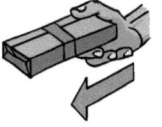

donner

давам

prendre

взимам

les activités - дейности

63

avoir

имам

faire

правя

être

съм

être debout

стоя

courir

тичам

trier

дърпам

jeter

хвърлям

tomber

падам

être couché

лежа

attendre

чакам

porter

нося

être assis

седя

s'habiller

обличам

dormir

спя

se réveiller

събуждам се

regarder

разглеждам

pleurer

плача

caresser

милвам

peigner

реша се

parler

говоря

comprendre

разбирам

demander

питам

écouter

слушам

boire

пия

manger

ям

ranger

разтребвам

aimer

обичам

cuire

готвя

conduire

карам автомобил

voler

летя

faire de la voile

плавам (с платна)

calculer

смятане

lire

чета

apprendre

уча

travailler

работя

se marier

женя се

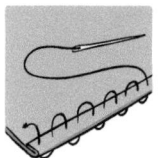

coudre

шия

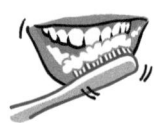

brosser les dents

измивам си зъбите

tuer

убивам

fumer

пуша

envoyer

изпращам

grand-mère
ба

le grand-père
дядо

le père
баща

la mère
майка

le bébé
бебе

la fille
дъщеря

le fils
син

l'hôte

посетител

la tante

леля

l'oncle

чичо

le frère

брат

la sœur

сестра

le corps

тяло

le front
чело
l'œil
око
l'épaule
рамо
le doigt
пръст
le visage
лице
le menton
брадичка
la main
ръка
la jambe
крак
la poitrine
гърди
le bras
ръка

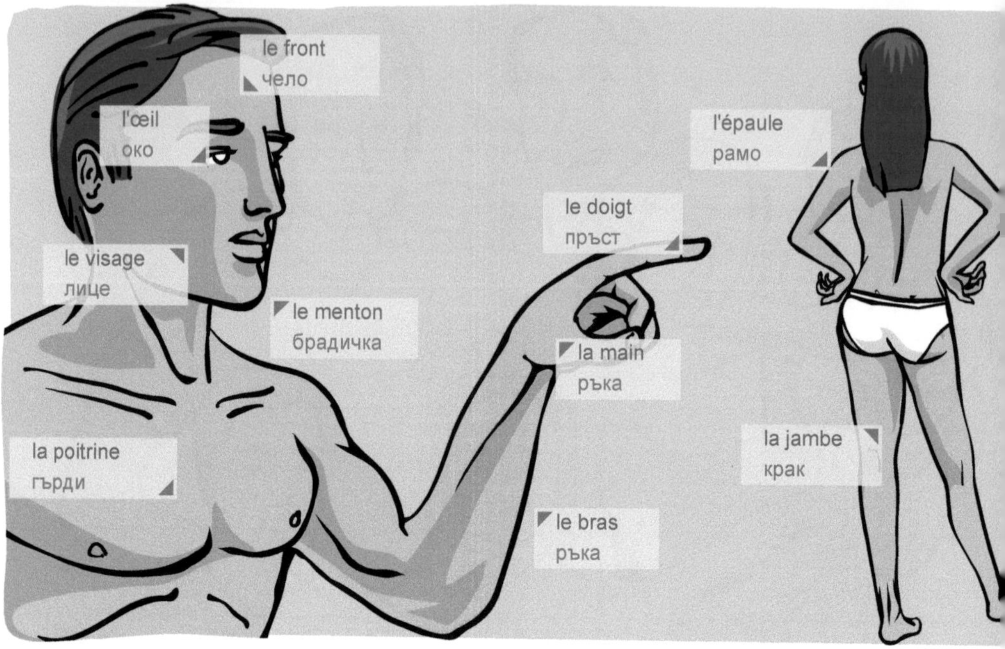

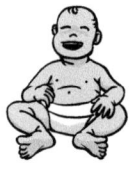

le bébé
бебе

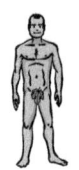

l'homme
мъж

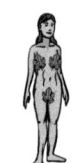

la femme
жена

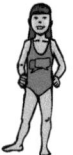

la fille
момиче

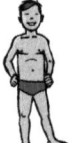

le garçon
момче

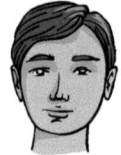

la tête
глава

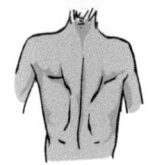

le dos

гръб

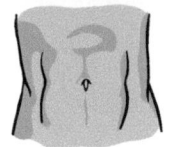

le ventre

корем

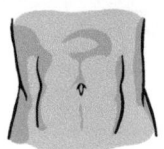

le nombril

пъп

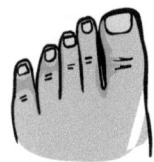

l'orteil

пръст на крака

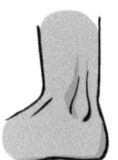

le talon

пета

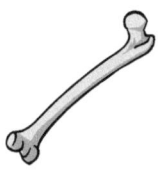

l'os

кост

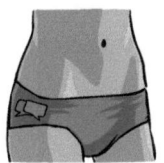

la hanche

хълбок

le genou

коляно

le coude

лакът

le nez

нос

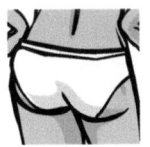

les fesses

седалище

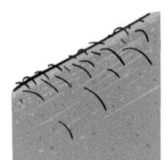

la peau

кожа

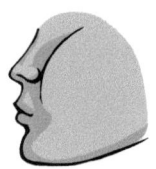

la joue

буза

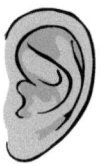

l'oreille

ухо

la lèvre

устна

la bouche

уста

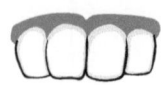

la dent

зъб

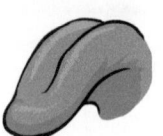

la langue

език

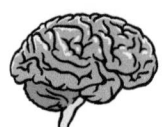

le cerveau

мозък

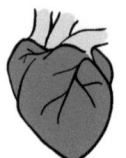

le cœur

сърце

le muscle

мускул

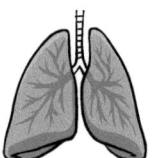

les poumons

бял дроб

le foie

черен дроб

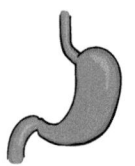

l'estomac

стомах

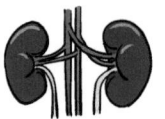

les reins

бъбреци

le rapport sexuel

полово сношение

le préservatif

кондом

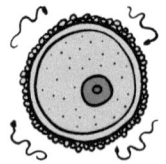

l'ovule

яйцеклетка

le sperme

сперма

la grossesse

бременност

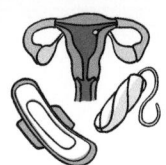

la menstruation

менструация

le vagin

вагина

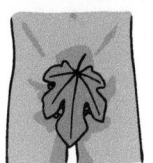

le pénis

пенис

le sourcil

вежда

les cheveux

коса

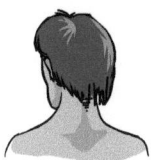

le cou

шия

l'hôpital
болница

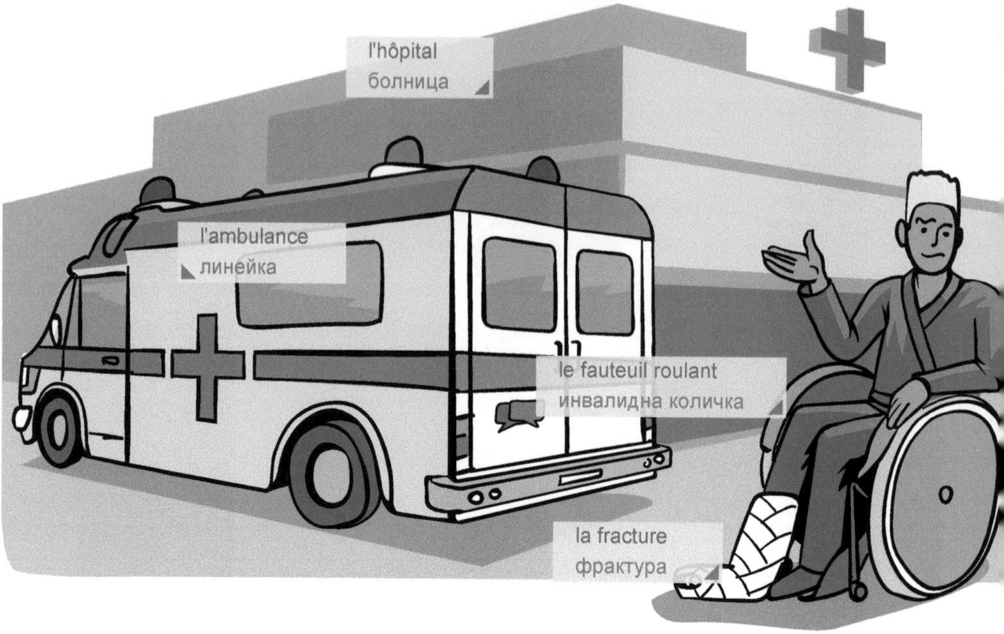

l'hôpital
болница
l'ambulance
линейка
le fauteuil roulant
инвалидна количка
la fracture
фрактура

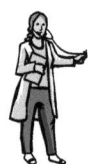

le médecin

лекар

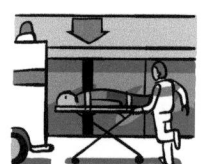

le service des urgences

спешна хоспитализация

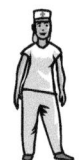

l'infirmière

медицинска сестра

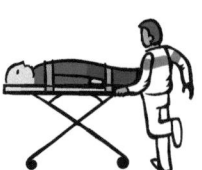

l'urgence

спешен случай

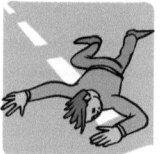

inconscient

в безсъзнание

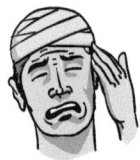

la douleur

болка

la blessure

нараняване

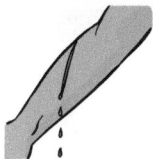

l'hémorragie

кървене

la crise cardiaque

инфаркт

l'attaque cérébrale

инсулт

l'allergie

алергия

la toux

кашлица

la fièvre

температура

la grippe

грип

la diarrhée

диария

le mal de tête

главоболие

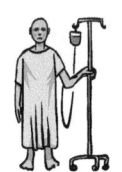

le cancer

рак

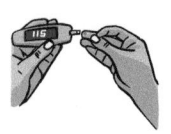

le diabète

диабет

le chirurgien

хирург

le scalpel

скалпел

l'opération

операция

le CT

компютърна томография

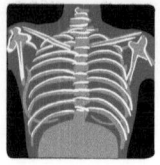

la radiographie

рентген

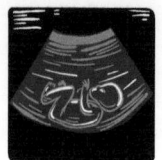

l'échographie

ултразвук

le masque

маска

la maladie

болест

la salle d'attente

чакалня

la béquille

патерица

le pansement

пластир

le pansement

превръзка

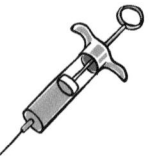

l'injection

инжекция

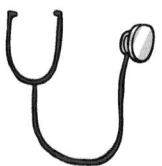

le stéthoscope

стетоскоп

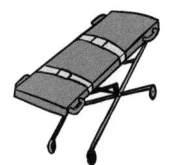

le brancard

носилка

le thermomètre

термометър

l'accouchement

раждане

la surcharge pondérale

наднормено тегло

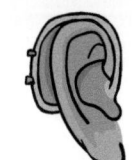

l'appareil auditif

слухов апарат

le désinfectant

дезинфекционно средство

l'infection

инфекция

le virus

вирус

le VIH / le sida

HIV / AIDS

le médicament

медицина

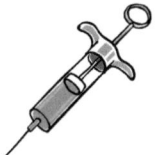

la vaccination

ваксинация

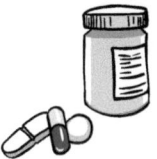

les comprimés

таблети

la pilule

противозачатъчна таблетка

l'appel d'urgence

спешно телефонно обаждане

le tensiomètre

апарат за измерване на кръвното налягане

malade / sain

болен / здрав

Au secours !

Помощ!

l'alarme

сигнал за тревога

l'assaut

нападение

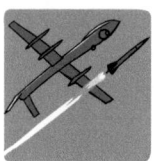

l'attaque

атака

le danger

опасност

la sortie de secours

авариен изход

Au feu!

Пожар!

l'extincteur

пожарогасител

l'accident

злополука

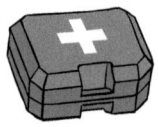

la trousse de premier
secours

комплект за оказване на
първа помощ

SOS

SOS

la police

полиция

l'Europe

Европа

l'Amérique du Nord

Северна Америка

l'Amérique du Sud

Южна Америка

l'Afrique

Африка

l'Asie

Азия

l'Australie

Австралия

l'Océan atlantique

Атлантически океан

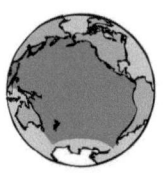

l'Océan pacifique

Тихи океан

l'Océan indien

Индийски океан

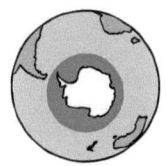

l'Océan antarctique

Южен ледовит океан

l'Océan arctique

Северен ледовит океан

le Pôle nord

Северен полюс

le Pôle sud

Южен полюс

l'Antarctique

Антарктида

la terre

Земя

le pays

суша

la mer

море

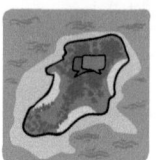

l'île

остров

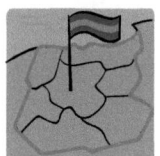

la nation

нация

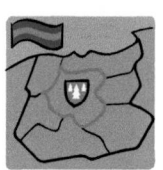

l'état

държава

le cadran

циферблат

l'aiguille des heures

стрелка на часовете

l'aiguille des minutes

стрелка на минутите

l'aiguille des secondes

стрелка на секундите

Quelle heure est-il ?

Колко е часът?

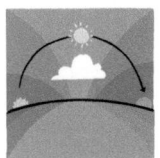

le jour

ден

le temps

време

maintenant

сега

la montre digitale

дигитален часовник

la minute

минута

l'heure

час

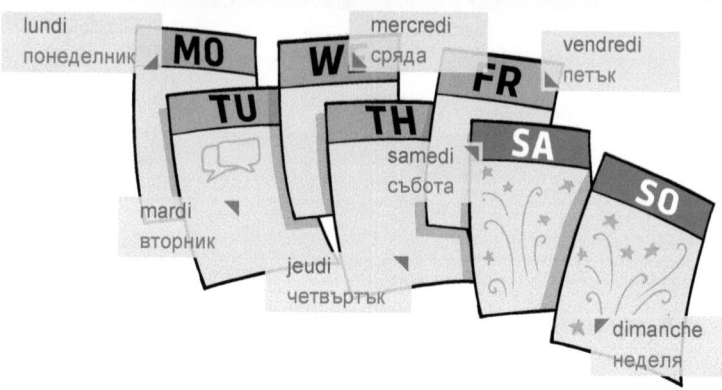

lundi / понеделник
mardi / вторник
mercredi / сряда
jeudi / четвъртък
vendredi / петък
samedi / събота
dimanche / неделя

hier

вчера

aujourd'hui

днес

demain

утре

le matin

сутрин

le midi

обед

le soir

вечер

MO	TU	WE	TH	FR	SA	SU
1	2	3	4	5	6	7
8	9	10	11	12	13	14
15	16	17	18	19	20	21
22	23	24	25	26	27	28
29	30	31	1	2	3	4

les jours ouvrables

работни дни

MO	TU	WE	TH	FR	SA	SU
1	2	3	4	5	6	7
8	9	10	11	12	13	14
15	16	17	18	19	20	21
22	23	24	25	26	27	28
29	30	31	1	2	3	4

le week-end

уикенд

l'année
година

la pluie
дъжд
l'arc-en-ciel
дъга
la neige
сняг
le vent
вятър
le printemps
пролет
l'automne
есен
l'été
лято
l'hiver
зима

4.APRIL 11°
5.APRIL 4°
6.APRIL 13°
7.APRIL 8°
8.APRIL 10°

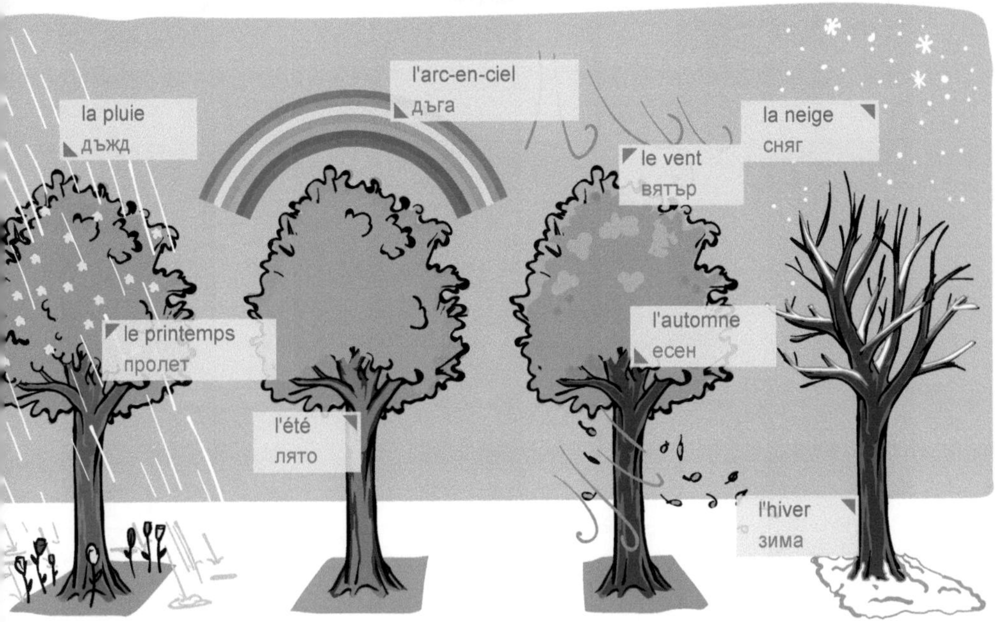

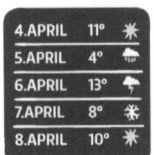

la météo

прогноза за времето

F C
120 40
90 30
60 20
30 10
0 0
-30 -10
-20

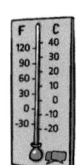

le thermomètre

термометър

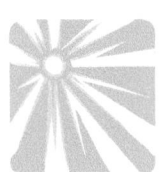

la lumière du soleil

слънчева светлина

le nuage

облак

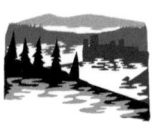

le brouillard

мъгла

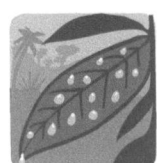

l'humidité

влажност на въздуха

la foudre

светкавица

la tonnerre

гръмотевица

la tempête

буря

la grêle

градушка

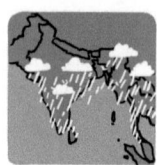

la mousson

мусон

l'inondation

наводнение

la glace

лед

janvier

януари

février

февруари

mars

март

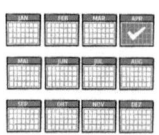

avril

април

mai

май

juin

юни

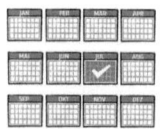

juillet

юли

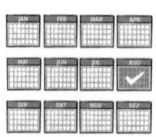

août

август

septembre

септември

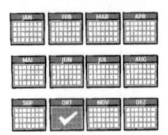

octobre

октомври

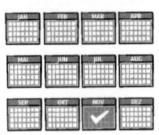

novembre

ноември

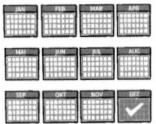

décembre

декември

les formes
форми

le cercle

кръг

le carré

квадрат

le rectangle

четириъгълник

le triangle

триъгълник

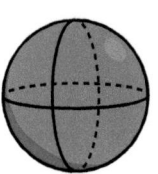

la sphère

сфера

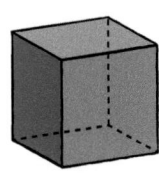

le cube

куб

les couleurs

цветове

blanc

бял

jaune

жълт

orange

оранжев

rose

розов

rouge

червен

violet

лилав

bleu

син

vert

зелен

marron

кафяв

gris

сив

noir

черен

beaucoup / peu

много / малко

fâché / calme

ядосан / спокоен

joli / laid

красив / грозен

le début / la fin

начало / край

grand / petit

голям / малък

clair / obscure

светъл / тъмен

frère / soeur

брат / сестра

propre / sale

чист / мръсен

complet / incomplet

пълен / непълен

le jour / la nuit

ден / нощ

mort / vivant

мъртъв / жив

large / étroit

широк / тесен

comestible / incomestible

ядлив / неядлив

méchant / gentil

сърдит / любезен

excité / ennuyé

развълнуван / скучаещ

gros / mince

дебел / тънък

le premier / le dernier

най-напред / най-накрая

l'ami / l'ennemi

приятел / враг

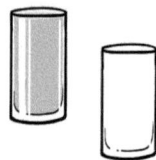

plein / vide

пълен / празен

dur / souple

твърд / мек

lourd / léger

тежък / лек

faim / soif

глад / жажда

malade / sain

болен / здрав

illégal / légal

нелегален / легален

intelligent / stupide

интелигентен / глупав

gauche / droite

ляво / дясно

proche / loin

близо / далече

nouveau / usé

нов / употребяван

rien / quelque chose

нищо / нещо

vieux / jeune

стар / млад

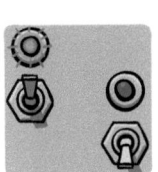

marche / arrêt

вкл. / изкл.

ouvert / fermé

отворен / затворен

faible / fort

тих / силен (звук)

riche / pauvre

богат / беден

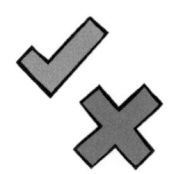

correct / incorrect

правилен / погрешен

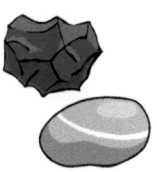

rugueux / lisse

грапав / гладък

triste / heureux

тъжен / щастлив

court / long

дълъг / къс

lent / rapide

бавен / бърз

mouillé / sec

мокър / сух

chaud / froid

топъл / студен

la guerre / la paix

война / мир

0	**1**	**2**
zéro	un / une	deux
нула	едно	две
3	**4**	**5**
trois	quatre	cinq
три	четири	пет
6	**7**	**8**
six	sept	huit
шест	седем	осем
9	**10**	**11**
neuf	dix	onze
девет	десет	единадесет

12

douze

дванадесет

13

treize

тринадесет

14

quatorze

четиринадесет

15

quinze

петнадесет

16

seize

шестнадесет

17

dix-sept

седемнадесет

18

dix-huit

осемнадесет

19

dix-neuf

деветнадесет

20

vingt

двадесет

100

cent

сто

1.000

mille

хиляда

1.000.000

le million

милион

l'anglais

английски

l'anglais américain

американски английски

le chinois mandarin

китайски мандарин

le hindi

хинди

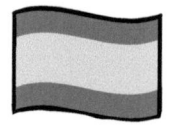

l'espagnol

испански

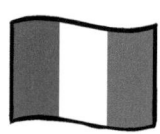

le français

френски

l'arabe

арабски

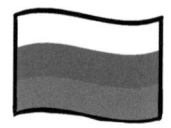

le russe

руски

le portugais

португалски

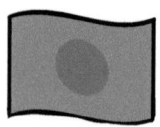

le bengali

бенгалски

l'allemand

немски

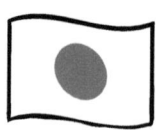

le japonais

японски

je
....
аз

tu
....
ти

il / elle / ce, c', cela
....
той / тя / то

nous
....
ние

vous
....
вие

ils / elles
....
те

Qui ?
....
кой?

Quoi ?
....
какво?

Comment ?
....
как?

Où ?
....
къде?

Quand ?
....
кога?

le nom
....
име

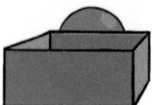

derrière

зад

dans

в

devant

пред

au-dessus

над

sur

върху

en-dessous

под

à côté de

до

entre

между

le lieu

място

où - къде